DON BOSCO

Liebe Leserin, lieber Leser,
als Käufer dieses Buchs erhalten Sie im Internet kostenloses Zusatzmaterial zum Download. Halten Sie den unten abgedruckten Zugangscode bereit und gehen Sie auf www.donbosco-medien.de, klicken Sie dort auf „Meine Bonus-Seite" und geben Sie den Code ein. Sie können nun gratis Ihr Zusatzmaterial downloaden.

FoKfwd#5

Mit freundlichen Grüßen
Ihr Don Bosco Verlag

Zeitmanagement
in der Kita

Redaktionsteam
Don Bosco Medien

Gerne nehmen wir Ihre Anregungen, Wünsche, Kritik oder Fragen entgegen:
Don Bosco Medien GmbH, Sieboldstraße 11, 81669 München
anregungen@donbosco-medien.de
Servicetelefon: (0 89) 4 80 08-3 41

Bibliografische Information der Deutschen Nationalbibliothek

Die Deutsche Nationalbibliothek verzeichnet diese Publikation in der Deutschen Nationalbibliografie; detaillierte bibliografische Daten sind im Internet über http://dnb.d-nb.de abrufbar.

1. Auflage 2014 / ISBN 978-3-7698-2100-0
© 2014 Don Bosco Medien GmbH, München
www.donbosco-medien.de
Umschlag: Petra Hinterberger, das-grafikbüro.de / ReclameBüro, München
Innenlayout: Petra Hinterberger, das-grafikbüro.de
Illustrationen Innenteil: Eva Gnettner / Don Bosco Medien GmbH
Lektorat: UNGER-KUNZ. Lektorat und Redaktionsbüro
Fachberatung: Monika Lehner
Produktion: Don Bosco Druck & Design, Ensdorf

Gedruckt auf umweltfreundlichem Papier

Inhalt

Die Icons

 Praxisbeispiel aus
dem Kita-Alltag

 Wichtig!

 Checkliste

 „Gut zu wissen!" –
HintergrundInfo

 Praxistipp

 Hinweis auf kostenlosen
Download

So geht das!

Kennen Sie das? Ihre Kita hat ihr Angebot im Bildungsbereich „Sprachentwicklung und Sprachförderung" enorm erweitert, aber niemand außerhalb der Einrichtung nimmt so recht Notiz davon? Der „Schreibkram" im Büro wächst Ihnen total über den Kopf und Sie sind frustriert, weil die pädagogische Arbeit in Ihrer eigenen Gruppe deshalb oft zu kurz kommt? Sie haben die Eltern zu Ihrer Präsentation „Geschwisterliebe – Geschwisterstreit" eingeladen, aber der Abend verläuft trotz intensiver Vorbereitung zäh und unbefriedigend? Ihrem Team fehlt seit Langem der richtige Schwung und Sie befürchten, dass die nicht offen ausgetragenen Konflikte unterschwellig die eigentliche, pädagogische Arbeit blockieren könnten? Sie würden gerne die Eltern stärker in die Abläufe der Kita miteinbeziehen, wissen aber nicht, wie?

Wer als ElementarpädagogIn Leitungs- und Führungsaufgaben in einer Kindertageseinrichtung ausübt oder als pädagogische Fachkraft neben der ohnehin sehr anspruchsvollen Erziehungsaufgabe in den Gruppen zusätzlich organisatorische Aufgaben übernimmt, muss heute schon ein Stück weit über Managerfähigkeiten verfügen, um in einer Kita erfolgreich „den Betrieb am Laufen zu halten". Schließlich ist es ja auch wichtig, dass bei der Organisation einer Kita neben den Kindern, die an erster Stelle stehen, alle Beteiligten mitgenommen werden – angefangen von den Eltern der Kinder über die MitarbeiterInnen bis hin zu den Verantwortlichen auf der Ebene der Träger.

Unsere Praxisreihe *„So geht das!"* unterstützt Sie als Kita- oder Hort-ErzieherIn und -LeiterIn dabei mit zahlreichen Informationen, hilfreichen Schritt-für-Schritt-Anleitungen und wertvollen Praxistipps zu allen Themen Ihres Kita-Alltags.

Kompakt, übersichtlich und praxisnah verfasst, sind die Bände dieser Ratgeberreihe ein stets nützlicher Begleiter bei allen anstehenden Aufgaben im Kita- und Krippen-Alltag. Die ideale Orientierungshilfe für alles rund um das Thema „Kita-Management"!

Wo bleibt nur meine Zeit?

„Das ist aber im Moment ganz schlecht, ich bin grad mitten im Morgenkreis ..." – „Was, die Entwicklungsdoku von Anna muss schon morgen fertig sein, ich dachte das Gespräch mit ihren Eltern ist erst am Freitag?" – „Kannst Du die Planung für diesen Projekttag nicht mal ausnahmsweise übernehmen, ich weiß gerade überhaupt nicht mehr, wo mir der Kopf steht!" – „Geht doch bitte mal einer ans Telefon!" – „Die Jahresabrechnung mit dem Träger kann doch sicher noch bis nächste Woche warten, oder?"

Sicher kommen Ihnen diese Sätze bekannt vor und alle haben sie eines gemeinsam: Es geht um Zeit. Zeit ist mittlerweile auch in Kita und Krippe zu einem immer knapper werdenden Gut geworden. Alles sollte am besten schnell und möglichst auch noch gleichzeitig erledigt werden – das verlangt schon fast Managerqualitäten. Wie aber bringt man unter diesen Voraussetzungen das „Kunststück" fertig, alle anstehenden Herausforderungen zu meistern und dabei dennoch eine gesunde Balance zwischen den beruflichen Aufgaben und privaten Interessen zu finden?

Dieser Band mit seinen mitten aus der täglichen Krippen- und Kita-Praxis stammenden Beispielen ist eine ideale Hilfe, wie Sie Ihr Zeitproblem in den Griff bekommen und damit den anstehenden Aufgaben und Anforderungen gerecht werden können. Hier können Sie ganz praxisbezogen herausfinden, wo ihre größten „Zeiträuber" verborgen sind. Mit den leicht umzusetzenden Schritt-für-Schritt-Anleitungen, Arbeitsvorlagen, Checklisten, Info-Grafiken und Praxistipps werden Sie ganz einfach herausfinden, wie Sie Ihre Zeit sinnvoll und bewusst nutzen und gestalten können. Und Sie werden entdecken: professionelles Zeitmanagement ist keine Zauberei!

Und so „funktioniert" der Band:

Machen Sie zuerst den Selbstcheck ab Seite 10 und finden Sie heraus, welche Fragen Sie am meisten interessieren. Die Themen des Selbstchecks finden sich im Kapitel „Keine Zeit!' – 10 Strategien für ein erfolgreiches Zeitmanagement" ab Seite 15 wieder. Sie können also zielgenau dort weiterlesen, wo Sie das größte Informationsbedürfnis haben.

Und für ganz Eilige: Am Ende des Bandes sind die wichtigsten Tipps nochmal kompakt zusammengefasst.

Der Selbstcheck: „Zeiträuber" identifizieren und dingfest machen

Dieser Selbstcheck hilft Ihnen dabei herauszufinden, wo sich in Ihrem Arbeitsalltag „Zeiträuber" verstecken. Sie erkennen z. B., welche Ablenkungen Sie die meiste Zeit und Energie kosten. Oder Sie finden so heraus, wie es um Ihre Zeitdisziplin bestellt ist bzw. wie effektiv Ihre Zeitplanung tatsächlich ist.

In den Bereichen, in denen Sie bei diesem Selbstcheck „trifft voll und ganz zu" oder „trifft oft zu" ankreuzen, ist Handlungsbedarf angesagt! Lesen Sie dann einfach im Kapitel mit derselben Nummer im nächsten Teil des Buches weiter.

> **1** trifft voll und ganz zu   **2** trifft oft zu
> **3** trifft manchmal zu   **4** trifft nicht zu

1 Unterbrechungen und Störungen

Mein noch am Morgen aufgestellter Tagesplan wird regelmäßig von Ereignissen, die unvorhergesehen passieren, über den Haufen geworfen.   ○ ○ ○ ○

Unangekündigt und ungeplant erscheinende Besucher halten mich häufig von meiner aktuellen Tätigkeit ab.   ○ ○ ○ ○

○ ○ ○ ○ Ich unterbreche oft meine aktuelle Tätigkeit, um ans Telefon zu gehen.

○ ○ ○ ○ Ich führe eher lange als kurze Telefonate.

① ② ③ ④ **Aufschieben 2**

○ ○ ○ ○ Unangenehme Aufgaben schiebe ich lange vor mir her.

○ ○ ○ ○ Mir fällt immer vieles ein, was ich noch erledigen könnte, bevor ich mich den ungeliebten Aufgaben widme.

○ ○ ○ ○ Zeitintensive Aufgaben bringe ich meistens nicht so schnell, wie ich es geplant habe, zu Ende, weil ich vieles andere gerne „dazwischenschiebe".

○ ○ ○ ○ Ich erfinde für mich selbst Ausreden, warum dies oder jenes auch noch später erledigt werden kann.

① ② ③ ④ **Prioritäten setzen 3**

○ ○ ○ ○ Ich versuche oft, mehrere Aufgaben gleichzeitig zu erledigen, weil ich aus den Augen verliere, welche davon wichtig und welche weniger wichtig sind.

○ ○ ○ ○ Es kommt oft vor, dass ich mich mit Unwichtigem aufhalte, obwohl ich weiß, dass ich eigentlich Wichtigeres erledigen sollte.

○ ○ ○ ○ Ich ändere laufend meine Prioritätenliste.

○ ○ ○ ○ Die Vielzahl an täglichen Aufgaben überfordert mich und ich verliere schnell die Übersicht, welche Dinge Vorrang haben.

① ② ③ ④ **Planung und Organisation 4**

○ ○ ○ ○ Ich arbeite nicht mit Tages- oder Wochenplänen.

○ ○ ○ ○ Ich lasse mich leicht durch Nebensächlichkeiten ablenken und komme dadurch oft erst am Abend dazu, Dinge zu erledigen.

Es kommt häufig vor, dass ich viele Überstunden machen muss. ○ ○ ○ ○

Passiert etwas Unvorhergesehenes, dann wirft das gleich meinen gesamten Zeitplan über den Haufen. ○ ○ ○ ○

5 Aufgaben delegieren ❶ ❷ ❸ ❹

Ich erledige oft Aufgaben, die eigentlich in das Arbeitsgebiet von KollegInnen fallen. ○ ○ ○ ○

Es fällt mir schwer, Aufgaben komplett an KollegInnen abzugeben, weil ich mich immer für alles verantwortlich fühle. ○ ○ ○ ○

Wenn ich mich um Dinge selbst kümmere, habe ich eher das Gefühl, dass es richtig erledigt wird. ○ ○ ○ ○

Oft übernehme ich Aufgaben selbst, bevor ich erst lange erkläre, was getan werden muss. ○ ○ ○ ○

6 Termindruck und Stress ❶ ❷ ❸ ❹

Ich habe immer das Gefühl, Dinge möglichst schnell und effizient erledigen zu müssen. ○ ○ ○ ○

Ich ertappe mich oft bei dem Satz: „Ich hab leider keine Zeit." ○ ○ ○ ○

Häufig habe ich das Gefühl, dass ich meine Arbeitsabläufe nicht selbst bestimmen kann, sondern von Terminen und Aufgaben bestimmt werde. ○ ○ ○ ○

Ich versuche, möglichst viel auf einmal zu erledigen. ○ ○ ○ ○

7 Ordnung und Überblick ❶ ❷ ❸ ❹

Auf meinem Schreibtisch herrscht Chaos und ich nehme mir täglich vor, Ordnung zu schaffen, ohne es tatsächlich in die Tat umzusetzen. ○ ○ ○ ○

Mein Ablagesystem könnte besser sein. ○ ○ ○ ○

○ ○ ○ ○ Ich bin nicht konsequent, was den Umgang mit dem täglich anfallenden „Papierkram" betrifft, und werfe mein
eigenes Ordnungssystem regelmäßig über den Haufen.

○ ○ ○ ○ Ich kann nichts wegwerfen.

①②③④   # Kommunikation 8

○ ○ ○ ○ Die Kommunikation mit den KollegInnen funktioniert
nicht reibungslos, und dadurch entstehen zusätzliche
Arbeit und auch Missverständnisse.

○ ○ ○ ○ Ich möchte gerne immer alle beteiligen.

○ ○ ○ ○ Es fällt mir schwer, etwas abzulehnen, wie z. B. das Übernehmen einer Aufgabe, wenn mich jemand darum bittet.

○ ○ ○ ○ Ich übernehme oft auch zusätzlich Aufgaben, obwohl ich
keine Zeit dafür habe.

①②③④ # Zielsetzung und Selbstdisziplin 9

○ ○ ○ ○ Ich tue mich schwer damit, die mir einmal gesteckten
Ziele auch konsequent zu verfolgen.

○ ○ ○ ○ Am Ende einer Woche bin ich manchmal unzufrieden,
weil ich nur einen Bruchteil dessen geschafft habe, was
ich umsetzen wollte.

○ ○ ○ ○ Gespräche oder Besprechungen laufen oft zeitlich aus
dem Ruder und das Ergebnis stellt mich dennoch nicht
zufrieden.

○ ○ ○ ○ Ich neige dazu, Aufgaben in letzter Minute zu erledigen.

①②③④   # Work-Life-Balance 10

○ ○ ○ ○ Ich nehme mir regelmäßig Arbeit mit nach Hause.

Wenn ich durch Krankheit ausfalle oder in Urlaub bin, kann ich nicht abschalten und meine Gedanken kreisen täglich um meine Arbeit. ○ ○ ○ ○

Ich bedauere oft, dass mir die Zeit, die ich mit Arbeit und Überstunden verbringe, für meine Familie und Freunde fehlt. ○ ○ ○ ○

Ich verbringe sehr viel Zeit damit, Dinge noch zu verbessern und zu optimieren. ○ ○ ○ ○

„Keine Zeit!" – 10 Strategien für ein erfolgreiches Zeitmanagement

Der erste Schritt ist geschafft! Nun sind die Übeltäter, die Ihre Zeit fressen, identifiziert und Sie können sich jetzt daranmachen, Stück für Stück Änderungen und Verbesserungen an Ihrem Arbeitsstil, Ihrem Tagesablauf, Ihrer Planung usw. in Angriff nehmen. Mit folgenden Fragen können Sie Ihr persönliches Ergebnis noch einmal reflektieren:

- Welche Tätigkeiten kosten mich die meiste Zeit und Energie?

- Wie würde ich selbst meinen Arbeitsstil beschreiben?

- Was würde mir eine Veränderung meines Arbeitsstils bringen?

- Welche Vorteile hätte es ganz konkret, wenn ich an der einen oder anderen Stelle meine Arbeitsgewohnheiten ändern würde?

In den folgenden Kapiteln werden Sie viele praxisorientierte Hinweise, Tipps und konkrete Best-Practice-Beispiele aus dem Kita-Alltag finden, mit deren Hilfe Sie Ihre Zeit besser in den Griff bekommen. Arbeiten Sie dabei vor allem diejenigen Bereiche durch, bei denen Sie im Selbstcheck den größten Handlungsbedarf festgestellt haben.

So kenne ich das aus dem Kita-Alltag:

*Gerade, als Elisabeth K. ihr tägliches „Management by walking around"
beginnen will, mit dem sie den intensiven Kontakt zu den MitarbeiterInnen pflegt und sich einen Überblick über gerade aktuelle Themen
und die vorherrschende Atmosphäre in der Kita verschafft, klingelt das
Telefon. Eine Mutter bittet sie, nochmal ausführlich zu einem am
vorherigen Tag vorgefallenen Streit zwischen zwei Kindern Stellung zu
nehmen. Das Gespräch dauert eine halbe Stunde, inzwischen wartet
bereits eine Erzieherin ungeduldig vor der Tür, um mit ihr den Ablauf
des Faschingsfestes zu besprechen. Für den Rundgang durch die Kita
ist es natürlich jetzt zu spät ...*

„Telefon!" Wer kennt sie nicht, diese Situation: Schnell alles stehen
und liegen lassen, ran ans Telefon, und eh man sichs versieht, wird
aus einer kurzen Unterbrechung ein längeres Telefonat mit vielleicht
auch noch unerwartetem Mehraufwand und zusätzlichen Aufgaben:
Ein Vater, der gerne Genaueres zu diesem und jenem Projekt wissen
will, die Sekretärin des Trägers, die gerade dabei ist, Unterlagen für
die nächste Sitzung zusammenzustellen und gerne noch ein paar Informationen haben möchte, oder Eltern, die verunsichert sind, ob sie
ihr Kind in die Einrichtung geben sollen und noch eine Beratung haben möchten – wie schnell ist da eine halbe Stunde vorbei.
Aber nicht nur Telefonate können den geplanten Tagesablauf stören
und zu längeren Unterbrechungen führen: Wie häufig kommt es vor,
dass eine gerade begonnene Tätigkeit unterbrochen werden muss,
weil jemand schnell mal Hilfe braucht, eine Frage hat etc. Und gerade
solche vermeintlich nur kurzen Unterbrechungen können sich
schnell zu einem längeren Gespräch entwickeln oder zu weiteren
Aufgaben führen, und schon kann die ursprünglich angepackte Tätigkeit nicht zu Ende gebracht werden oder muss auf den nächsten
Tag verschoben werden. Oder es entsteht die Situation, dass der

Morgenkreis oder ein begonnenes Spiel in der Gruppe unterbrochen werden muss, und dass sich, obwohl eine Kollegin einspringt, die Kinder und auch die Erzieherin nach der Unterbrechung nicht mehr in den einmal gestörten Ablauf hineinfinden. Am Ende bleibt meist das ungute Gefühl, wieder einmal eine Sache nicht abgeschlossen zu haben und verschieben zu müssen oder die Kinder enttäuscht zu haben. Aber: Es geht auch anders ...

Wie sieht das bei mir aus?

Stellen Sie sich zunächst folgende Fragen und notieren Sie die Antworten schriftlich auf einem Blatt Papier oder halten Sie sie in einer Datei fest:

- Wodurch werde ich an einem normalen Arbeitstag am häufigsten bei meiner Tätigkeit gestört?
- Wie viel Zeit geht mir täglich durch Störungen und unvorhergesehene Unterbrechungen verloren?
- Wie reagiere ich auf Unterbrechungen und Störungen?
- Zu welcher Uhrzeit treten am häufigsten Störungen auf?

Den „Zeiträubern" auf der Spur

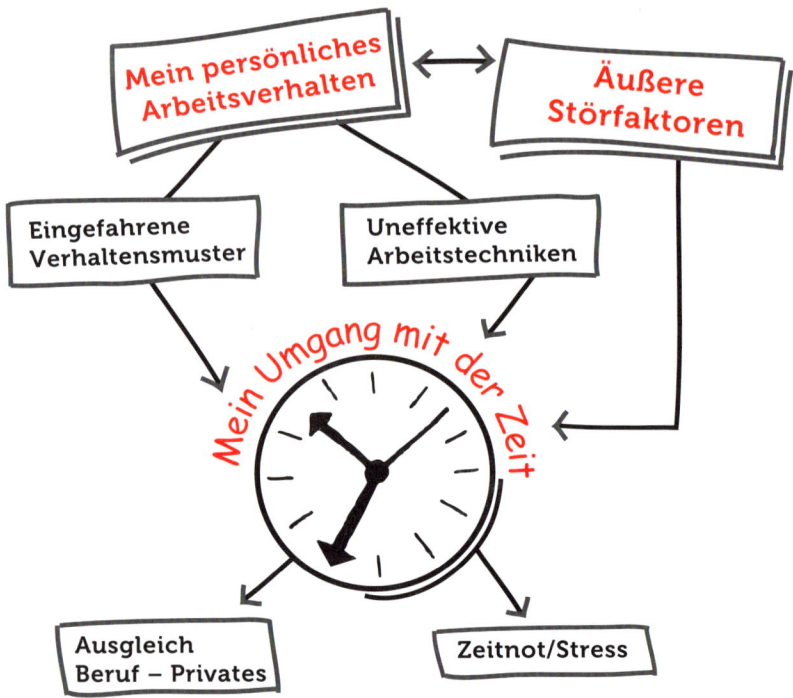

Wie kann ich mit Störungen und Unterbrechungen besser umgehen?

- Ich führe feste Sprechzeiten ein, auch für Telefonate, und kommuniziere das auch nach außen (den Eltern, dem Träger und anderen Kontaktpersonen).

- Ich bespreche den Anrufbeantworter und die Mailbox mit den Informationen zu meinen Sprechzeiten.

- Ich ziehe mich jeden Tag zu einer bestimmten Uhrzeit in mein Büro zurück und sorge dafür, dass ich dort auch nicht gestört werde, um dann konzentriert bei einer wichtigen Sache bleiben zu können, wie z. B. dem Entwickeln von Konzepten und Strategien.

- Ich halte diese festen Zeiten auf alle Fälle ein und mache keine Ausnahmen.

- Ich zeige mit einem „Bitte nicht stören!"-Schild und geschlossener Bürotür, dass ich jetzt nicht gestört werden möchte.

- Ich leite meine MitarbeiterInnen dazu an, relativ selbstständig zu agieren und mich nur bei äußerst wichtigen Problemen oder Änderungen im Tagesgeschäft heranzuziehen. Gleichzeitig akzeptiere ich ihre Entscheidungen.

- Ich mache mit der klaren Aussage: „Nein, ich habe jetzt leider keine Zeit" deutlich, dass ich tatsächlich keine Zeit habe und schlage einen Alternativtermin vor.

- Ich versuche, wenn eine Unterbrechung doch unvermeidlich sein sollte, diese so kurz wie möglich zu halten und kehre danach sofort zur zuvor begonnenen Aufgabe zurück.

Meine persönliche „Zeiträuber"-Uhr

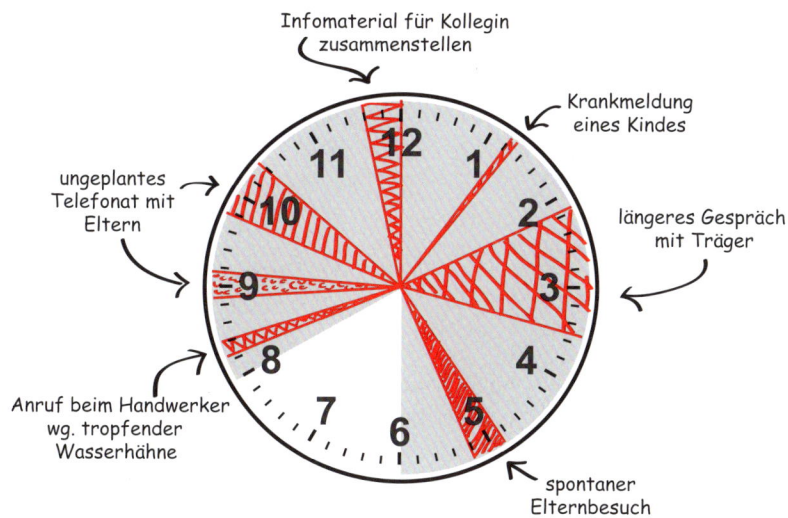

Zum Download: Meine persönliche „Zeiträuber"-Uhr

So kenne ich das aus dem Kita-Alltag:

Seit Wochen weiß Erika B., dass ein wichtiges Gespräch mit dem Träger bevorsteht. Es müssen dafür noch die Unterlagen zusammengestellt werden, eine Übersicht über die Belegungszahlen aufbereitet, eine Folie mit den demnächst anstehenden zentralen Themen erstellt werden und und und. Aber immer kommen andere wichtige oder vermeintlich wichtige und dringende Aufgaben dazwischen. Einmal muss der Elternabend geplant werden, dann sollte überlegt werden, welche Spielgeräte für das kommende Jahr neu angeschafft werden müssen, oder unvorhergesehene Elterngespräch am Telefon müssen geführt werden. Immer wieder findet sich ein Vorwand, warum die Vorbereitungen für das Gespräch mit dem Träger nicht angepackt und erledigt werden können.

Unangenehme Telefonate, lästiger Papierkram, längst überfälliges Sortieren und Aussortieren von Unterlagen etc. – wie gerne verschiebt man solche Dinge auf morgen, aber immer begleitet von einem schlechten Gewissen. Es kann auch sein, dass zwischendurch einfach mal der Überblick über alle gerade anstehenden Aufgaben und Verpflichtungen verlorengeht, oder man durcheinanderbringt, welche Aufgaben tatsächlich wichtig sind und dringend erledigt werden sollten und welche vielleicht gar nicht vorrangig behandelt werden müssten.

Entscheidungen möglichst lange vor sich herzuschieben, eingehende Post erst beiseitezulegen, um sie dann nochmal und nochmal in die Hand zu nehmen, oder E-Mails öffnen, ohne sie zu bearbeiten, um sich dann aber später erneut damit zu beschäftigen, ist keine gute Methode, um Aufgaben zügig abzuarbeiten. Was Sie gegen diese „Aufschieberitis" tun können, das zeigt Ihnen dieses Kapitel.

Wo stecken meine persönlichen Zeiträuber?

Wie sieht das bei mir aus?

Stellen Sie sich zunächst folgende Fragen und halten Sie die Gedanken und Überlegungen dazu am besten schriftlich fest.

- Neige ich grundsätzlich dazu, Dinge „auf die lange Bank" zu schieben?

- Denke ich mir Gründe aus, warum ich eine Entscheidung nicht treffen kann oder ein Problem noch nicht lösen kann?

- Lasse ich mich leicht durch Unwichtiges davon ablenken, mich mit einem schwierigen Thema zu beschäftigen?

- Kann ich anstehende Aufgaben nur unter Druck erledigen?

- Erledige ich zunächst lieber Unwichtiges oder Einfaches, bevor ich mich den wirklich wichtigen oder unangenehmen Dingen widme?

- Übernehme ich oft mehrere Aufgaben gleichzeitig und verliere dabei leicht den Überblick?

- Widerstrebt es mir, definitive Schlusstermine zu setzen?

Das Gegenteil von Aufschieben ist Anfangen

- Ich denke darüber nach, warum ich eine Sache so ungern erledige.

- Ich nehme mir vor, unangenehme Aufgabenstellungen positiv zu formulieren, z. B.: „Wenn ich den Antrag schnell und sorgfältig ausfülle, dann bekommen wir vom Träger schneller die Mittel für die neue Rutsche überwiesen."

- Ich stelle mir vor, welche Erleichterung es für mich bedeuten wird, die leidige Aufgabe oder das leidige Problem endlich gelöst zu haben.

- Es gilt die 100-Prozent-Regel: Man braucht für alles doppelt so lange, wie man anfangs denkt. Wenn ich das bei der Planung berücksichtige, sorge ich dafür, dass ich den Plan auch wirklich einhalten kann – und verschaffe mir damit jeden Tag Erfolge.

- Ich teile größere Projekte in kleinere Einheiten auf und mache dann einen Schritt nach dem anderen, und zwar gleich in einer schlüssigen Abfolge.

- Ich verpflichte mich, mit einem Eintrag im Kalender, selbst zur Erledigung bis zu einem bestimmten Datum. Sie selbst gesteckten Ziele sollten aber realistisch sein, objektiv erreichbar, auch in Hinblick auf die subjektiven Ressourcen.

- Den genau richtigen Moment wird es vielleicht nie geben – es bringt mir nichts, darauf zu warten, in der richtigen Stimmung für eine bestimmte Aufgabe zu sein. Ich gehe die Aufgabe lieber gleich an, aber dafür in den denkbar kleinsten Schritten.

- Ich lasse mich nicht ablenken, während ich mich einer Aufgabe widme.

- Ich belohne mich, wenn ich eine unangenehme Aufgabe erledigt habe.

So kenne ich das aus dem Kita-Alltag:

Das Erste, was Jochen Z. auf seinem Schreibtisch liegen sieht, wenn er morgens sein Büro betritt, ist sein Terminplaner, der diesen Namen nicht verdient. Der offen daliegende Wochenkalender ist bereits bis auf den letzten Quadratzentimeter vollgekritzelt, und dabei stehen darüber hinaus noch viele weitere, noch nicht notierte Aufgaben an. Aber womit anfangen? Die Beantwortung dieser Frage wird ihm gleich von jemand anderem abgenommen. Denn schon klingelt das Telefon und eine Mitarbeiterin möchte sich jetzt sofort ausführlich über die Planungsvorbereitungen zum bevorstehenden Sommerfest mit ihm beraten. Und da Jochen Z. immer ein offenes Ohr für seine Mitarbeiter hat ...

„Was ist am wichtigsten?" Das ist die zentrale Frage, wenn es darum geht, festzulegen, welche Aufgaben zuerst erledigt werden sollten. Leicht wird da schon mal „wichtig" mit „eilig" verwechselt. Dringlich anstehende Aufgaben sind aber nicht automatisch auch immer die tatsächlich wichtigsten. Es geht also darum, wie Sie eine Unterscheidung treffen können zwischen den Dingen, die zwar möglichst schnell erledigt werden müssen, aber dennoch nicht vorrangig zu behandeln sind, und den Dingen, die wirklich wichtig sind und Ihre ganze Aufmerksamkeit bekommen sollten.

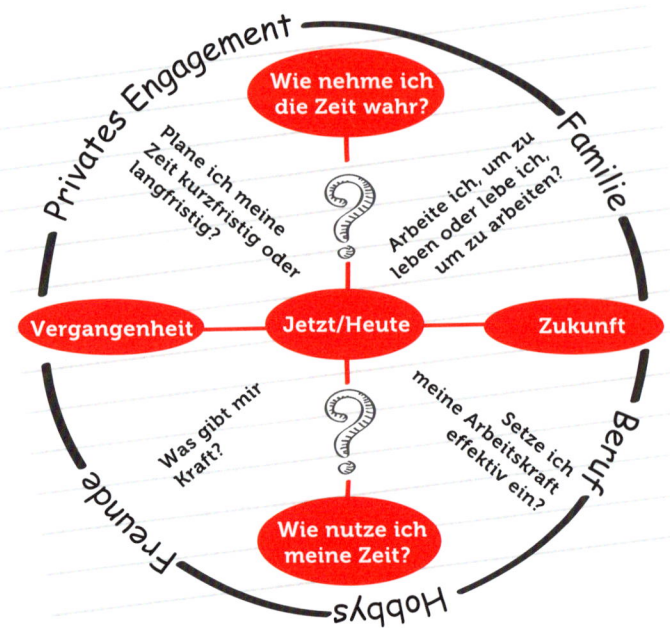

Prioritäten setzen – aber richtig!

- Ich teile meine Aufgaben in unterschiedliche Wichtigkeits-Kategorien (A, B, C, D) ein. Dazu hilft mir das im Folgenden beschriebene „Eisenhower-Prinzip".

- Ich lege mir regelmäßig Tages-, Wochen- und Monatspläne an (siehe Seite 29f. und 35f.).

- Für die Umsetzung meiner Aufgaben plane ich genügend zeitlichen Puffer mit ein.

- Ich streiche Sätze, die mit Formulierungen beginnen wie: „Wenn ich dann noch dazukommen sollte, dann …" oder: „Falls dann noch Zeit bleiben sollte, dann …" aus meinem Wortschatz.

Das Eisenhower-Prinzip

Zunächst einmal geht es darum, überhaupt Wichtiges von weniger Wichtigem zu unterscheiden. Dazu können Sie das so genannte „Eisenhower-Prinzip" anwenden:

Diese Methode wurde nach dem früheren US-Präsidenten Dwight D. Eisenhower benannt, der sie selbst in seiner Arbeit benutzte. Sie hilft dabei, anstehende Aufgaben grob zu kategorisieren, sie in wichtige und dringliche Aufgaben einzuteilen. Aus der Kombination von „wichtig" und „dringend" ergibt sich eine unterschiedliche Wertung der Aufgaben und sie können entsprechenden Prioritätenklassen (A, B, C, oder D) zugeordnet werden. Das macht es Ihnen leichter, eine Prioritäten-Reihenfolge zum Abarbeiten Ihrer Aufgaben zu erstellen.

	dringend	**nicht dringend**
wichtig	• **A** = wichtig und dringend	• **B** = wichtig, aber nicht dringend
nicht wichtig	• **C** = dringend, aber nicht wichtig	• **D** = nicht wichtig und nicht dringend

Die Einordnung in „wichtig" und „dringend" kann individuell und situationsabhängig sehr unterschiedlich ausfallen. Bei akutem Personalmangel kann z. B. auch die Formulierung einer Anzeige oberste Priorität haben.

Beispiele für A-, B-, C- und D-Aufgaben

A-Aufgaben (oberste Prioritätsstufe): Aufgaben, die wichtig sind und sofort anstehen, also nicht verschoben und auch nicht delegiert werden können, wie z. B.: fristgerechte Abgabe der aktuellen Kostenaufstellung an den Träger, Vorbereitung von Teamsitzungen, Tagen der offenen Tür, Elternabenden, Planung von Ausflügen etc., direkt an die Kita-Leitung gerichtete Elternbeschwerden, Personalauswahl und Vorstellungsgespräche etc.

B-Aufgaben (mittlere Prioritätsstufe): Wichtige Aufgaben, die zwar nicht erledigt werden müssen, die aber auch nicht auf die (allzu) lange Bank geschoben werden sollten, wie z. B.: Vorbereitung eines in der kommenden Woche anstehenden Besuchs des Bürgermeisters, Pressetermin, Fortbildung, Konzeptentwicklung, Weiterentwicklung der Einrichtung zu einem Familienzentrum, Entwicklung eines Sprachförderkonzeptes, Kooperationen mit anderen Bildungseinrichtungen (z. B. Schulen), Dienstplangespräche, Urlaubsplan-Erstellung etc.

C-Aufgaben (untere Prioritätsstufe): Dringend anstehende Aufgaben, die evtl. auch an KollegInnen oder MitarbeiterInnen delegiert werden können, wie z. B.: Schalten einer Anzeige für die Einstellung einer neuen Erzieherin, Organisation von Schnuppertagen, Telefonate, Büroarbeiten etc., Spielmaterialbestellung, Auszählung einer Befragung, Führen der Anwesenheitsliste, Essens- oder Materialgeldlisten usw.

D-Aufgaben (Aufgaben, die vernachlässigt werden können): Weder wichtige noch dringende Aufgaben, die am ehesten vernachlässigt werden können, wie z. B.: Werbe-E-Mails, Werbebriefe, private E-Mails mit lustigen Videos etc. Tipp: Was die private Online-Kommunikation betrifft, so kann im Team evtl. ein Verhaltenskodex besprochen und eingeführt werden.

Wenn Sie auf diese Weise Ihre Aufgaben in unterschiedliche Prioritätsstufen eingeteilt haben, können Sie als Nächstes dazu übergehen, eine
individuelle Aufgabenliste zu erstellen – in Form einer Tages-, Wochen-
oder Monatsliste (siehe dazu auch das Kap. „Planung und Organisation",
Seite 35ff.).

Hab ich alles geschafft?

Ich mache mir eine nach Prioritäten gegliederte Checkliste, die ich für
jeden Tag – am Abend davor oder als erste Handlung am Morgen – und
für jede Woche – evtl. am Freitagnachmittag oder -abend – zusammen-
stelle.
Am Abend jedes Arbeitstages und am Ende der Woche überprüfe ich
anhand meiner To-do-Listen, ob ich alle Aufgaben und Vorhaben, die ich
mir vorgenommen hatte, auch in der geplanten Reihenfolge und Zeit
umsetzen konnte.

Mein Kita-Tag

Datum: 31.7.2014

A-B-C-Kategorie	Aufgabe/Aktion	erledigt
C	Anwesenheitsliste vervollständigen	✓
A	Kostenaufstellung an den Träger schicken	✓
B	Urlaubsplan erstellen	✓

Zum Download: Mein Kita-Tag

 ## Zum Download: Meine Kita-Woche

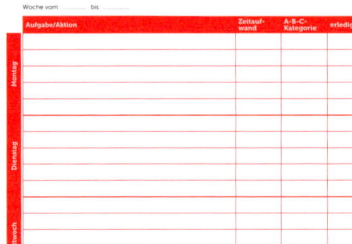

Immer etwas „Luft lassen"

Sie sollten bei Ihrer Planung immer etwas „Luft lassen", also genügend zeitlichen Spielraum für unvorhergesehene Ereignisse, wie Krankheit von MitarbeiterInnen, Unfälle, Krisensituationen usw. einkalkulieren.

So kenne ich das aus dem Kita-Alltag:

Silke W. hat sich für das neue Jahr fest vorgenommen, einiges anders zu machen. Sie möchte die Eltern der Kinder stärker in ihre Arbeit einbinden, sich mit ihren Kolleginnen intensiver vernetzen, mit den Kindern ihrer Gruppe einen neuen Aktionsraum für naturwissenschaftliche Projekte und Experimente einrichten, für den Tag der offenen Tür eine kleine Theateraufführung mit den Kindern proben und sich daneben auch endlich beruflich fortbilden und die beiden schon lange geplanten Seminare zu besuchen. Aber wie soll sie das alles nur „unter einen Hut bekommen"?

Wie oft kommt es vor, dass Sie keinen genauen Plan haben, welche Aufgaben wann zu erledigen sind und wie der Tag, die Woche etc. verlaufen sollen. Und an wie vielen Tagen haben Sie den Eindruck, dass Sie vor lauter Aufgaben, parallel laufenden Projekten und Vorhaben in Gefahr sind, den Überblick zu verlieren? Mit geringerem Zeit- und Energieeinsatz und weniger Aufwand bessere Erfolge erzielen – darum geht es in diesem Kapitel.

Um sich gut zu organisieren, ist es unabdingbar, dass Sie sich im Voraus genügend Zeit für die Planung einräumen, d. h. relativ frühzeitig Tagespläne und Wochenpläne erstellen und darin akribisch alles auflisten, was in diesen Zeiteinheiten an Aufgaben anfällt.

Gut geplant, ist also halb gewonnen. Und dazu gehört auch, dass Sie z. B. gut vorbereitet in Besprechungen gehen oder im Vorfeld von Veranstaltungen die Projekte bereits bis zum Ende durchdenken. Allein das Verschriftlichen der anstehenden Aufgaben kann hier schon eine große Entlastung bringen.

Im Folgenden finden Sie nützliche Tipps und Anregungen, die Ihnen dabei helfen, entlang der eigenen, persönlichen Arbeitsstrukturen, Anforderungen und Gewohnheiten Ihre Zeit zu planen, zu strukturieren und den Überblick zu bewahren.

Mein Tagesprotokoll

Um herauszufinden, wie Ihr Arbeitstag besser organisiert werden kann und wie Sie mit Ihrer Zeit besser haushalten können, ist es hilfreich, sich erst einmal einen Überblick über den Ist-Zustand zu verschaffen. Dazu können Sie ein Protokoll über den Verlauf einiger Ihrer typischen Arbeitstage anfertigen:

Datum	Uhrzeit	Dauer	Tätigkeiten/Aufgabe	Bewertung
11.9.2013	8.30 Uhr	80 min	Mitarbeitergespräch	
	9.50 Uhr	20 min	Telefonat	
	10.10 Uhr	30 min	Praktikanten angeleitet	
	11.40 Uhr	60 min	Statistik/Verwaltungsarb.	
	12.40 Uhr	20 min	Pause	
	13.00 Uhr	100 min	Besprechung/Träger	
	14.45 Uhr	50 min	Elterngespräch	
	15.45 Uhr	120 min	Vertretung in der Nachmittagsgruppe	

Zum Download: Mein Tagesprotokoll

Datum	Uhrzeit	Dauer	Tätigkeiten/Aufgabe	Bewertung

Wie war mein Tag?

Ermitteln Sie so über drei exemplarische Arbeitstage hinweg die durchschnittlichen Zeiten für die unterschiedlichen Aufgabenbereiche. Tragen Sie diese Zeiten dann diese zur besseren Visualisierung des jeweiligen prozentualen Anteils in ein Tortendiagramm ein. Das kann z. B. folgendermaßen aussehen:

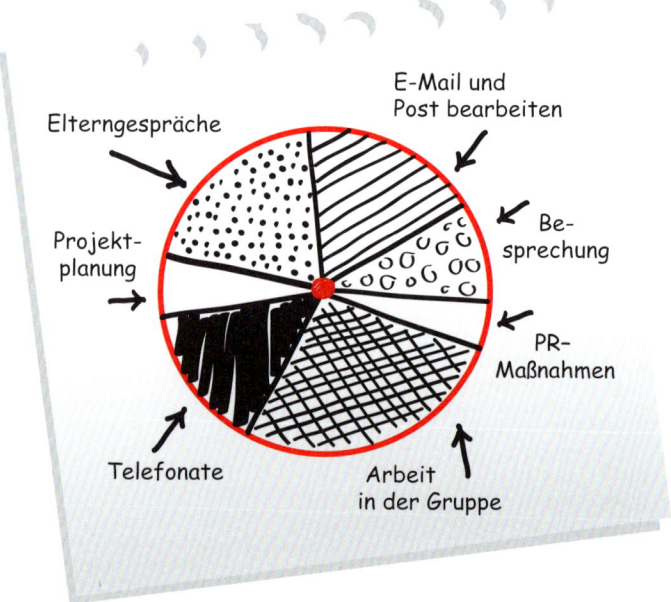

Zum Download: Wie war mein Tag?

Die Mühe lohnt sich, denn nun können Sie zum einen feststellen, wie viel Sie den ganzen Tag über leisten. Sie erkennen aber auch deutlicher, wo sich bei Ihnen „Zeiträuber" einschleichen und entwickeln ein Bewusstsein dafür, worauf Sie Ihre Zeit eigentlich verwenden. Auf dieser Basis können Sie nun Ihre To-do-Listen bzw. Ihren Tages-, Wochen- oder Monatsablauf optimieren:

Zum Download: Mein Tagesplan: Was steht heute an?

Zum Download: Mein Wochenplan: Was steht diese Woche an?

 ## Zum Download: Mein Monatsplan: Was steht diesen Monat an?

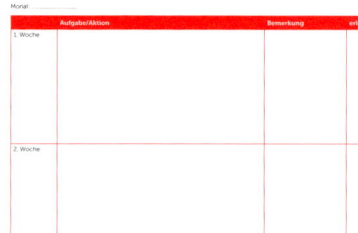

 ## Das bringt ein guter Plan:

- Sie schließen sozusagen mit sich selbst einen Vertrag, der Sie dazu verpflichtet, ihn nicht zu brechen.

- Ein schriftlich fixierter Plan hilft auch Ihren MitarbeiterInnen und KollegInnen, strukturierter zusammenzuarbeiten.

- Mit einem schriftlichen Plan kann auch rückwirkend überprüft werden, ob alles „nach Plan" gelaufen ist, und auf dieser Basis können dann vorausschauend Verbesserungen eingeführt werden.

- Termine können genauer eingehalten werden.

- Sowohl die Zufriedenheit der MitarbeiterInnen und KollegInnen als auch die eigene Zufriedenheit mit den Arbeitsergebnissen nimmt zu.

- Konflikte werden vermieden.

- Insgesamt ist ein entspannteres Arbeiten möglich.

Private Termine nicht vergessen!

Bei der Planung von Tagen, Wochen und Monaten sollten Sie neben den beruflichen Terminen immer auch alle privaten Termine berücksichtigen, also z. B. auch die Yogastunde am Abend, das regelmäßige Treffen mit Freunden oder die Begleitung des eigenen Kindes zum Fußballtraining. Denn Ziel ist es ja, im Sinne einer Work-Life-Balance alle wichtigen Lebensbereiche miteinander in Einklang zu bringen.

Warum den Plan schriftlich abfassen?

Das schriftliche Festhalten der Tages-, Wochen- oder Monatspläne entlastet Ihr Gedächtnis und Sie haben gleichzeitig ein Kontrollinstrument dafür, ob Sie Ihre Zeitplanung auch in der gewünschten Form umsetzen konnten. Außerdem gehen Sie motivierter an die Umsetzung Ihrer Projekte, wenn Sie einen Zettel vor sich liegen haben, auf dem schwarz auf weiß steht, was Sie sich vorgenommen haben. Und Sie lassen sich darüber hinaus weniger durch Störungen davon ablenken, Ihre Vorhaben auch in die Tat umzusetzen.

Zum Download: Mein Jahr – laufende Projekte

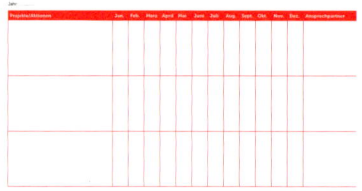

 ## Nicht ohne meinen Terminkalender!

Ich plane meine Termine mit Hilfsmitteln wie Timer, Smartphone oder Zeitplaner. Und ich mache meinen Timer – egal ob Zeitplanbuch oder elektronischer Timer – zu meinem ständigen Begleiter, bei kurzen Besprechungen mit dem Träger, bei Teamsitzungen, bei Presseterminen etc. Damit schaffe ich für mich und für meine Gesprächspartner Klarheit über meine Zeitplanung und komme nur noch selten in die Lage, mich dafür entschuldigen zu müssen, keine Zeit zu haben, oder Termine verschieben zu müssen. Zudem gerate ich auch seltener in die Verlegenheit, trotz fehlender Kapazitäten evtl. doch noch zusätzliche Aufgaben übernehmen zu müssen.

 ## Zeitplanung offline oder digital?

Die hier im Band und als Download bereitgestellten Hilfsmittel für Ihre Zeitplanung stehen Ihnen als Papierausdruck zur Verfügung und sind einfach einzusetzen und zu vervielfältigen. Aber es gibt natürlich auch noch eine Reihe anderer Möglichkeiten und Helfer für Ihre Planung. Neben dem klassischen Terminplaner oder den professionellen Zeitplanbüchern bieten Smartphones umfangreiche Organizer-Funktionen. So können z. B. über ein USB-Kabel oder Bluetooth alle Daten mittels einer mitgelieferten Synchronisierungssoftware mit den Daten Ihres Verwaltungsprogramms für E-Mails, Kontakte und Termine, Outlook von Microsoft auf dem PC oder Notebook abgeglichen werden.

Weitere Tipps für eine gute Zeitplanung:

- Ich plane 60% der Zeit für das Abarbeiten von geplanten Aufgaben und 40% Zeitpuffer für Unvorhergesehenes ein.

- Ich lege ähnlich strukturierte Arbeiten zusammen (also z. B. Telefonate, E-Mail-Korrespondenz und Gespräche).

- Bei meiner Tagesplanung berücksichtige ich meine persönliche Leistungskurve.

- Bei komplexeren Arbeiten und Projekten, wie z. B. der Organisation von Veranstaltungen, Tagen der offenen Tür, Sommerfesten etc., lege ich Checklisten an und arbeite diese systematisch ab.

Und am Ende des Tages ...

Als Belohnung für Ihren Arbeitstag, bevor Sie die Einrichtung bzw. Ihren Arbeitsplatz verlassen, sollten Sie einfach alles das abhaken, was Sie tagsüber erledigen konnten. Das schafft ein ungemein befriedigendes Gefühl.

So kenne ich das aus dem Kita-Alltag:

Der traditionelle Tag der offenen Tür in der Kita „Am Bergrain" soll schon in wenigen Wochen stattfinden. Es wurden noch keine Plakate entworfen, keine Einladungen geschrieben, es fehlt noch ein Ablaufplan für die unterschiedlichen Vorführungen der Kinder und die weiteren Veranstaltungen. Die Besucher sollten an diesem Tag auch die Gelegenheit bekommen, sich ausführlich über die Arbeit und das pädagogische Konzept der Einrichtung informieren zu können usw. Viele Aufgaben und ein großer Anspruch, der da in der Verantwortung der Kitaleitung liegt und neben der täglichen Arbeit erledigt werden muss.

Jeden Tag warten neben der pädagogischen Arbeit zahlreiche zusätzliche Aufgaben auf die MitarbeiterInnen einer Kita, wie z. B. Telefonate führen, Berichte schreiben, Protokolle lesen und anfertigen, an Besprechungen teilnehmen, Korrespondenz erledigen, Gespräche mit Eltern führen, Projekttage vorbereiten, Unterlagen ordnen, ablegen, verwalten etc. Was liegt da also näher, als sich zu überlegen, wie diese Fülle an Aufgaben auf verschiedene Schultern verteilt werden könnten.

Und was spricht also z. B. dagegen, dass eine Gruppe von KollegInnen und MitarbeiterInnen sich um das Entwerfen der Plakate und Einladungen kümmert, die Praktikantin um das Kopieren und die Verteilung, und dass eine MitarbeiterInnengruppe sich zusammensetzt, um einen Ablaufplan für die gesamte Veranstaltung zusammenzustellen? Aber: Auch Delegieren will gelernt sein! Denn nichts fällt einem Menschen, der Verantwortung trägt, so schwer, als ein Stück dieser Verantwortung an andere abzugeben. Und das, obwohl das Delegieren von Aufgaben nur Vorteile mit sich bringt: Einerseits führt es zu Entlastung und bringt mehr Zeit und Energie für andere, weitere Aufgaben und andererseits werden alle MitarbeiterInnen durch das ihnen entgegengebrachte Vertrauen motiviert, sich stärker einzubringen und sich mit ihrer Einrichtung zu identifizieren.

Wie sieht das bei mir aus?

Stellen Sie sich zunächst folgende Fragen und halten Sie sie am besten schriftlich fest:

- Ertappe ich mich manchmal bei Gedanken wie: „Es geht doch viel schneller, wenn ich es gleich selbst mache" oder: „Ich mache diese Arbeit ja sehr gern selbst"?

- Warum fällt es mir so schwer, Aufgaben zu delegieren?

- Welche konkreten Arbeitsbereiche und Aufgaben in meiner Kita könnten auf MitarbeiterInnen/KollegInnen übertragen werden?

- Nach welchem System kann ich vorgehen, um die an MitarbeiterInnen/KollegInnen delegierten Aufgaben zu überprüfen?

- Welche Vereinbarungen kann ich mit den MitarbeiterInnen/KollegInnen treffen, damit sie eine Selbstkontrolle durchführen?

- Existiert eine klare Aufgabenverteilung zwischen meiner Einrichtung und dem Träger?

So delegiere ich richtig:

- Ich entscheide, welche Aufgaben sich dafür eignen, sie an andere abzutreten.

- Ich überlege, welche Aufgabe zu welchem bzw. welcher MitarbeiterIn oder KollegIn passt, entsprechend deren Fähigkeiten und Motivation.

- Ich erläutere den Zweck und das Ziel der von mir delegierten Aufgabe sowie die damit verbundenen Anforderungen.

- Die zu delegierenden Aufgaben grenze ich ein und mache deutlich, was nicht dazugehört.

- Meinen KollegInnen und MitarbeiterInnen gebe ich genügend Zeit, um sich in die neue Aufgabe einzuarbeiten.

- Ich gebe stets ein Feedback und bin ebenfalls offen gegenüber Rückmeldungen.

- Ich delegiere möglichst langfristig und umfassend.

- Ich teile das Delegieren bestimmter Aufgaben allen MitarbeiterInnen und KollegInnen offen mit, um schon im Vorfeld Missverständnisse zu vermeiden.

- Die geleistete Arbeit wird am Ende gemeinsam bewertet.

Warum Aufgaben delegieren?

- Zeit und Energie können an anderer Stelle effektiver eingesetzt werden.

- Die dadurch frei gewordene Zeit kann für Aus- und Fortbildung, für andere Projekte und für kreative Arbeit genutzt werden.

- Mit der Delegation von Verantwortung können MitarbeiterInnen und KollegInnen dazu motiviert werden, sich verstärkt in die Organisation der Einrichtung einzubringen.

Wer ist nächsten Monat wofür zuständig?

Um wirksam Aufgaben delegieren zu können, ist es erforderlich, dass ich die anstehenden Arbeiten und Aufgaben gut organisiere. Dabei kann mir die folgende Checkliste helfen, in der pro Monat alle, den MitarbeiterInnen übertragenen Aufgaben nach ihrer Priorität und dem Zeitpunkt, bis wann sie erledigt werden müssen, eingetragen werden. Die Spalte „erledigt" hilft mir eine Kontrolle darüber zu haben, ob die Aufgaben auch wirklich abgeschlossen wurden.

Datum	Aufgabe/Tätigkeit	Priorität A	Priorität B	Priorität C	Dauer	KollegIn/ MitarbeiterIn	Beginn	abgeschlossen	erledigt
6.4.	• Vorbereitung Projekt "Kräuterschnecke"		x		4 Std.		8.7.	16.7.	
10.4.	• Durchf'hrung Teamsitzung + Kurzreferat	x			3,5 Std.		15.7.	20.7.	
21.4.	• Einladung zum Elternabend			x	2,5 Std.		30.7.	4.8.	

Zum Download: Wer ist nächsten Monat wofür zuständig?

Datum	Aufgabe/Tätigkeit	Priorität A	Priorität B	Priorität C	Dauer	KollegIn/ MitarbeiterIn	Beginn	abgeschlossen	erledigt

An Externe delegieren

Ich überlege, ob ich Aufgaben auch an Stellen außerhalb meiner Einrichtung, wie z. B. an andere Abteilungen des Trägers, oder an externe Stellen, wie etwa an das Gesundheitsamt, an Beratungsstellen oder die Frühförderung usw., delegieren kann.

Was? Schon so spät?
Termindruck und Stress

6

So kenne ich das aus dem Kita-Alltag:

Sabine S. ist seit 15 Jahren Leiterin des konfessionell gebundenen Kindergartens „St. Michael". Ihre MitarbeiterInnen und die Eltern bescheinigen ihr hohe Kompetenz und eine große Herzlichkeit, meinen aber auch, dass sie immer etwas gehetzt wirkt und oft auch gesundheitlich angeschlagen ist. „Leider keine Zeit!" oder „Können wir ein andermal darüber sprechen?" – das sind die Sätze, die man häufig von ihr zu hören bekommt.

Leiden Sie häufig unter Termindruck und Stress und fühlen Sie sich öfter mal überfordert und ausgebrannt? Haben Sie ab und zu das Gefühl, dass Sie Aufgaben nicht mehr richtig konzentriert und zuverlässig erledigen können, dass Sie anspruchsvollere Tätigkeiten auch gerne mal aufschieben und vieles, was Ihnen früher leichtgefallen ist, jetzt immer öfter zu einer schier unüberbrückbaren Hürde wird?

Stress ist eine unliebsame Erscheinung unserer heutigen Zeit, die sehr schnelllebig ist und in der es oft hektisch zugeht. Dass sich Stress – insbesondere, wenn er über einen längeren Zeitraum anhält – negativ auf unsere physische und psychische Gesundheit und unsere Lebensqualität auswirkt, ist mittlerweile fast schon eine Binsenwahrheit. Erste Anzeichen, wie etwa Kopfschmerzen, leichte Reizbarkeit, Ermüdungserscheinungen oder Anfälligkeit für grippale Infekte, können, wenn sie als Warnzeichen nicht ernst genug genommen werden, können auch leicht zu schwerwiegenderen Gesundheitsstörungen führen. Und dennoch fällt es uns nicht leicht, dagegen „ein Kraut wachsen zu lassen", d. h. unsere Lebensgewohnheiten und unser Arbeitsverhalten so umzustellen, dass es uns guttut, oder wenn wir bei KollegInnen solche Symptome wahrnehmen, ihn oder sie mit einem freundschaftlichen Hinweis rechtzeitig darauf aufmerksam zu machen.

Woran Sie alarmierende Signale frühzeitig erkennen können und wie Sie schon mit einfachen Mitteln Termindruck und Stresssituationen weitgehend vermeiden und damit einer Überforderung vorbeugen können, das zeigt Ihnen dieses Kapitel.

Wie sieht das bei mir aus?

- Muss ich häufig meine KollegInnen vertrösten, weil ich keine Zeit habe?

- Lehne ich privat öfter mal Einladungen ins Kino, zum Essen oder zu gemeinsamen Abenden bei Freunden ab, weil ich nach dem Arbeitstag zu erschöpft bin?

- Kann ich am Feierabend und am Wochenende nicht richtig abschalten?

- Leide ich häufig unter Kopfschmerzen, Rückenschmerzen, Verspannungen?

- Bin ich häufig leicht reizbar, schnell überfordert, unkonzentriert oder in einer negativen Stimmung?

So vermeide ich akute Stresssituationen und lerne, konstruktiv damit umzugehen

- Ich plane frühzeitig Pufferzeiten ein.

- Ich mache regelmäßig Pausen und gewöhne mir einen festen Arbeitsrhythmus an.

- Ich wechsle zwischen anspruchsvollen und leichten Tätigkeiten ab.

- Ich suche mir einen Ausgleich in Form von sportlichen Aktivitäten, Lesen, Musikhören etc.

- Ich wende Entspannungstechniken an (Progressive Muskelentspannung nach Jacobsen, Tai-Chi, Yoga u. Ä.).

- In angespannten Situationen zähle ich langsam rückwärts von 10 bis 0.

- Ich ernähre mich gesund und ausgewogen.

- Ich folge, soweit wie möglich, meiner inneren biologischen Uhr.

- Ich versuche, „hausgemachten Stress" zu vermeiden, indem ich mein Pensum hinterfrage und vermeintlich notwendige Aufgaben weglasse.

- Ich organisiere eine Assistenz durch KollegInnen (Assistenz im Stand-by)

- Ich entscheide mich, lieber weniger Projekte intensiv zu verfolgen, als viele Projekte nur „en passant".

- Ich versuche mich aus überfordernden Situationen herauszuhalten und bespreche dies mit meinen KollegInnen, damit nicht der Anschein entsteht, dass ich mich vor Aufgaben „drücken" will.

Dreimal Entspannung für zwischendurch

Drei einfache, aber wirkungsvolle Entspannungsübungen für zwischendurch helfen dabei, kurz innezuhalten, für einen Moment zur Ruhe zu kommen und Kraft zu schöpfen. Dazu ist weder Material noch ein ungestörter Ort notwendig und man benötigt dafür auch keine Vorbereitungszeit. Die Übungen können sowohl im Sitzen als auch im Stehen durchgeführt werden.

1.

- Ich atme einige Male tief durch.

- Dann spanne ich meinen Körper an, alle Körperpartien, alle Muskeln und steigere diese Anspannung, soweit es mir möglich ist.

- Diese Körperspannung halte ich etwa eine halbe Minute lang.

- Danach entspanne ich meinen Körper, indem ich Muskel für Muskel langsam „loslasse".

- Ich wiederhole den Wechsel von An- und Entspannung ein weiteres und – wenn es mir möglich ist – ein drittes Mal.

- Danach atme ich mehrmals tief durch.

2.

- Ich stelle mich barfuß oder in Socken mit der ganzen Sohle auf den Boden.

- Die Beine stehen in einem bequemen Abstand nebeneinander.

- Ich lasse Arme und Schultern locker an den Seiten herunterhängen.

- Jetzt schließe ich die Augen und stelle mir vor, dass ich sanft geschoben werde: nach vorn, nach hinten, nach rechts, nach links.

- Nach einer kurzen Pause wiederhole ich diese Übung.

3.

- Ich halte meine Hände vor mein Gesicht und schließe die Augen. Meine Gedanken wandern zu einer schönen, angenehmen Erinnerung, z. B. dem letzten Urlaub, einer herzlichen Begegnung mit einem anderen Menschen oder einem überraschend schönen Ausblick auf einer Wanderung.

- Dann atme ich tief ein, in den Bauch (Bauchatmung), halte die Luft an und atme langsam wieder aus.

- Ich wiederhole diese Übung fünf Mal.

- Nach der letzten Wiederholung belasse ich meine Hände vor meinem Gesicht und schneide Grimassen. Dadurch lockere ich meine verspannten Gesichtsmuskelpartien.

- Danach knete ich kräftig meinen verspannten Nacken..

So kenne ich das aus dem Kita-Alltag:

Ein gutes Gefühl hat Thomas A., der schon seit knapp 9 Jahren die Kita „Bienenhaus" leitet, nach eigenen Angaben erst dann, wenn der Schreibtisch fast leer ist und das Mail-Postfach bis auf wenige Mails abgearbeitet ist. Aber das gelingt ihm nur selten. Immer wieder kommen weitere Briefe und Anfragen auf dem Stapel seiner Eingangspost und in seinem Mail-Fach hinzu, und bald ist kein Durchdringen mehr möglich. Trotz wiederholtem und intensivem Vorsatz, bis zum Abend, bis zum Freitag etc. alles, wenn schon nicht bearbeitet, dann doch wenigstens eingeordnet und kategorisiert zu haben, gelingt es ihm nicht, die tägliche Papier- und Mail-Flut zu beherrschen und abzuarbeiten.

„Wie sieht mein Schreibtisch aus?" „Habe ich ein gutes Ablagesystem?" Zwei Fragen, bei denen man erst dann einen Zusammenhang mit dem Thema „Zeitmanagement" herstellt, wenn man mal eine Viertelstunde oder länger nach einem Dokument, einem Schreiben oder einer Notiz suchen musste, ehe man es gefunden hat. Denn nichts frisst so viel Zeit, wie die (Endlos-)Suche nach einer einmal abgelegten Nachricht oder einem Schreiben in einem wachsenden Papierstapel im Regal oder in einem E-Mail-Fach …

Wie sieht das bei mir aus?

Stellen Sie sich folgende Fragen:

- Entsorge ich eingehende E-Mails und Schriftstücke sofort, wenn ich sie für unwichtig halte, oder hebe ich alles auf?

- Gebe ich Schreiben, die per Post oder E-Mail eingehen, an KollegInnen oder MitarbeiterInnen zur Bearbeitung weiter?

- Versuche ich, alles in kürzester Zeitfrist abzuarbeiten oder schiebe ich die Erledigung der E-Mail- und Papier-Korrespondenz auf die lange Bank?

Ein gutes Ordnungssystem ist die halbe Miete!

Wenn ich ein gutes Ordnungs- und Ablagesystem für mich entwickle, dann ist der Kampf gegen das Chaos auf meinem Schreibtisch und in meinem Computer schon halb gewonnen! Ich vermeide es z. B. von vorneherein, sowohl „offline" als auch „online" einen Ordner mit dem Namen „Sonstiges" einzurichten. Und ich gestalte mein Ordnungssystem so differenziert wie möglich. Auch dies gilt für virtuelle Ordner und physische Ordner gleichermaßen.

Haben sich die Unterlagen auf meinem Schreibtisch trotzdem zu Türmen gestapelt, dann kann ich zusätzlich folgende Tipps und Tricks anwenden:

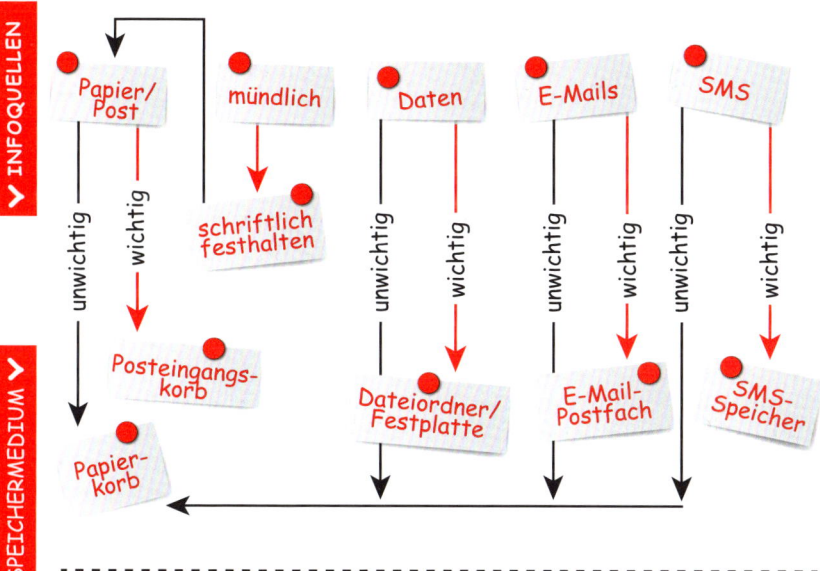

SO ERREICHEN MICH TÄGLICH INFORMATIONEN:

WEITER ZUR INFOBEWERTUNG UND BEARBEITUNG

Papiertürme auf meinem Schreibtisch – und wie ich sie wieder loswerde

- Ich sortiere alles nach unterschiedlichen Prioritätsstufen.

- Ich werfe Unwichtiges sofort in den Papierkorb.

- Schriftverkehr, den andere für mich erledigen können, leite ich auch wirklich weiter – auf Papier oder als weitergeleitete E-Mail.

- Als Erstes bearbeite ich diejenigen Dokumente, welche die Prioritäts-stufe „dringend" und „wichtig" haben.

- Ich gebe Schriftstücke, die nicht sofort, aber bis zu einem bestimmten Datum erledigt werden sollten, in die Wiedervorlage, und zwar geordnet nach Datum der Dringlichkeit.

Aber auch die Flut an E-Mails hat in den letzten Jahren immer mehr zugenommen. Hier deshalb einige weitere Tipps, wie Sie auch damit umgehen können:

 ## So bändige ich die tägliche E-Mail-Flut

- Ich lege auch in meinem PC Ordner für meine E-Mails und Dateien an, mit möglichst großer Differenzierung und unterschiedlichen Kategorien und Prioritätsstufen.

- Ich nehme mir bewusst nur ein- oder zweimal am Tag Zeit, mein E-Mail-Postfach zu „checken" und überwinde dazwischen meine Neugier, jede E-Mail, die eintrifft, sofort zu öffnen – außer, ich erwarte eine wirklich dringende Nachricht.

- Privat anmutende E-Mails öffne ich auch wirklich nur in meiner Freizeit.

- Spam, Werbung etc. verschiebe ich sofort in den virtuellen Papierkorb.

- Ich formuliere die Betreffzeile meiner eigenen E-Mails immer aussagekräftig und dennoch kurz – das erleichtert es sowohl mir selbst als auch meinem Kommunikationspartner, die E-Mails leichter zu identifizieren und einzuordnen.

- In meinen E-Mails vermeide ich unnötig ausführliche Formulierungen und benutze Kürzel, ohne unhöflich oder nachlässig zu wirken.

- Ich kündige überflüssige Newsletter.

- Ich sage mir, dass nicht jede E-Mail auch beantwortet werden muss, und vor allem nicht immer sofort.

- Ich installiere einen effizienten Spamfilter.

So kenne ich das aus dem Kita-Alltag:

Die Kollegin von Tabea F., Brigitte Z., ist sehr hilfsbereit und immer für alle im Team ansprechbar. Deshalb hat Tabea F. sie in den letzten Tagen schon mehrmals erfolgreich darum gebeten, ihr zu helfen. Denn sie hatte während der letzten Teambesprechung eine Aufgabe verbindlich angenommen, im Laufe der Zeit aber festgestellt, dass sie doch zu vorschnell zugesagt hatte. Sie fühlt sich nun der Aufgabe nicht gewachsen und glaubt auch, sie in der veranschlagten Zeit gar nicht erfüllen zu können. Gott sei Dank hat sie aber in Brigitte jemanden gefunden, der einfach nicht Nein sagen kann und ihr – obwohl sie selbst eigentlich überhaupt keine Zeit dafür übrig hat – peu a peu die Aufgaben abnimmt. Für gute Stimmung im Team sorgt das allerdings nicht ...

Wie viel Zeit wäre für produktivere Tätigkeiten übrig, wenn man z. B. bei Telefonaten, Mitarbeitergesprächen, Teambesprechungen u.a. schneller „auf den Punkt" kommen würde, klarer aussprechen würde, was man eigentlich will, und wenn man generell schneller zum Ende kommen würde? Klare Ansagen machen, eindeutige verbale und nonverbale Signale aussenden, eine deutliche Sprache sprechen – das alles führt dazu, dass Missverständnisse vermieden werden und effektiver gearbeitet werden kann. Eine klare Kommunikation hilft, effizienter zu arbeiten, Zeit und Energie zu sparen und sorgt darüber hinaus für ein gutes Betriebsklima, weil jeder weiß, woran er ist. Außerdem erzeugt es auch Eindeutigkeit und Klarheit in der Kommunikation nach außen. Also: Lieber öfter mal Nein sagen, als aus missverstandener Freundlichkeit in Arbeit „zu ersticken".

Wie sieht das bei mir aus?

Dazu können Sie sich folgende Fragen stellen und die Antworten bzw. Überlegungen schriftlich – auf einem Blatt Papier oder in einer Datei – festhalten:

- Kommt es häufig vor, dass ich meine Zustimmung zu etwas gebe oder mich zu etwas bereit erkläre, wozu ich eigentlich keine Zeit oder keine Lust habe?

- Akzeptiere ich alles, weil ich nicht unhöflich erscheinen und mich bei KollegInnen und MitarbeiterInnen nicht unbeliebt machen will?

- Kommt es öfter vor, dass ich meine Energie und die Zeit, die ich tatsächlich zur Verfügung habe, überschätze?

- Erhoffe ich mir dadurch, dass ich zu allem Ja sage, bei anderen Pluspunkte zu sammeln und vielleicht etwas für später „gutzuhaben"?

- Fällt es mir schwer, auch mal ein eventuell für andere unangenehmes, klares Statement zu machen oder für meine eigenen Interessen Rückgrat zu zeigen?

Missverständnisse in der Kommunikation vermeiden

- Ich versuche, nicht zu schnell mit einem Ja zu reagieren, wenn mich jemand um Hilfe bittet.

- Ich frage nach, warum der oder die KollegIn seine bzw. ihre Aufgabe nicht selbst erledigen kann.

- Ich signalisiere zwar, dass ich den oder die KollegIn dabei – im Rahmen meiner zeitlichen Möglichkeiten – unterstütze, bleibe aber konsequent und greife nicht ein, wenn es um die Umsetzung der Aufgabe geht.

- Ich halte mich kurz und gebe keine ausführliche Begründung für meine Ablehnung.

- Mit der Formulierung: „Das passt im Moment leider gar nicht" oder: „Bedauerlicherweise ..." signalisiere ich, dass meine Ablehnung keine Sache persönlicher Aversion ist, sondern, dass es an der Situation oder am Zeitpunkt liegt.

- Ich erbitte mir Bedenkzeit, wenn ich mich überrumpelt fühle.

- Bei der Einhaltung von Zeiten, zu denen ich grundsätzlich nicht zur Verfügung stehe und nicht erreichbar bin, bleibe ich konsequent.

Auch mal Nein zu sagen, bedeutet, ...

- ... dass man Haltung zeigt und signalisiert, dass man seine Energie, Kräfte und Zeit richtig einschätzen kann. Dies bringt Respekt ein.

- ... dass man mehr Zeit und Energie darauf verwenden kann, die Dinge, die man angeht, ganz und nicht halb zu machen.

- ... dass man die Aufgaben, zu denen man Ja gesagt hat, mit all seiner Energie und Zeit ausführt.

Nein-Sagen kann man üben!

Im Alltag kann man viele Gelegenheiten nutzen, um das Nein-Sagen zu üben, z. B. beim Einkaufen an der Verkaufstheke oder im Verein, wenn es darum geht, über das sowieso schon große persönliche Engagement hinaus noch zusätzliche Aufgaben zu übernehmen.

Dabei geht es jedoch nicht nur ums Nein- oder Ja-sagen, sondern auch um eine effektive Kommunikation, die Zeit sparend ist und schnell auf den Punkt kommt. Dies gilt sowohl für das direkte Gespräch, z. B. in Teamsitzungen, als auch für Telefonate oder Mitarbeiter-Einzelgespräche.

Die Teambesprechung

- Ich erstelle eine schriftliche und klar formulierte Tagesordnung.

- Ich stecke mir für die Teambesprechung klare Ziele.

- Die für die Besprechung notwendigen Unterlagen teile ich schon vor der Teamsitzung aus.

- Ich bitte die Teilnehmer darum, sich schon im Vorfeld der Besprechung Gedanken zu den einzelnen Punkten zu machen.

- Ich lege einen klaren Terminrahmen fest, der auch den Beginn und das Ende der Besprechung zu einer bestimmten Uhrzeit definiert – und plane während der Teamsitzung auch Pausen ein, wenn möglich, an der frischen Luft.

- In einem Gesprächsprotokoll halte ich oder hält eine/e KollegIn oder ein/e MitarbeiterIn in knapper Weise die Ergebnisse der Besprechung, die vereinbarte Aufgabenverteilung und Termine fest.

- Ich rege an, die Gesprächsleitung im Team abzuwechseln. Auf diese Weise lernt jeder einmal die „undankbare Rolle" kennen, in einer lebhaften Diskussion wieder auf den Punkt kommen zu müssen.

- Bei der folgenden Sitzung stelle ich eine kurze Ergebniskontrolle an den Anfang.

Das Telefonat

- Mehrere anstehende Telefonate lege ich zeitlich zusammen und erledige sie unmittelbar nacheinander.

- Vor dem Telefonat skizziere ich mir kurz schriftlich, welche Punkte ich ansprechen will, und lege mir die evtl. dafür notwendigen Unterlagen schon zurecht.

- Ich mache mir während des Telefonats kurze Notizen – das erspart erneutes Nachfragen.

- Nach dem Telefonat mache ich mir eine kurze Telefonnotiz, und zwar immer nach dem gleichen Schema: Name des Gesprächspartners, Uhrzeit und eine stichpunktartige Zusammenfassung des Gesprächs. Dafür verwende ich vorgefertigte Formulare, die immer griffbereit neben dem Telefon liegen.

So kenne ich das aus dem Kita-Alltag:

Kita-Leiter Jannick G. ist nicht mit sich zufrieden. Er meint: „Ich habe mir für dieses Jahr so viel vorgenommen, mir Ziele gesteckt, aber irgendwie klappt das einfach nicht. Alles, was ich anpacke, breche ich wieder ab. Ich komme einfach nicht weiter. Ich wollte mir mehr Zeit für meine MitarbeiterInnen nehmen und intensivere Gespräche mit ihnen führen, aber der Stress, das ständig klingelnde Telefon ... immer kommt was dazwischen. Und eigentlich wollte ich meine Arbeitszeit umstellen, damit ich konzentrierter arbeiten kann, aber die Abläufe bei uns in der Kita sind so eingefahren und alle MitarbeiterInnen so an sie gewöhnt, dass es einfach unmöglich ist, daran etwas zu ändern."

Sich beruflich und privat Ziele zu setzen – kurzfristige, mittelfristige oder langfristige – hilft Ihnen dabei, das eigene Berufs- und Privatleben bewusster zu leben, es aktiv zu gestalten und dadurch auch ein zufriedenerer und ausgeglichenerer Mensch zu werden.

Und wenn Sie sich einmal über Ihre wichtigsten Ziele im Klaren sind und diese entsprechend Ihrer eigenen Fähigkeiten und Ansprüche verfolgen, dann besteht auch nicht die Gefahr, sie in der Hektik des Alltags aus den Augen zu verlieren.

Alles, was man dazu braucht, ist eine gewisse Portion Selbstdisziplin. Sie hilft Ihnen dabei, konsequent zu bleiben und nicht gleich beim ersten Misserfolg die Flinte ins Korn zu werfen.

Und wie „lernt" man Disziplin am besten? Indem man einfach genau das macht, was man sich vorgenommen hat – und zwar Tag für Tag. Das ist das ganze Geheimnis.

Meine langfristigen Ziele

Bevor ich mir ganz konkrete Tages-, Wochen- oder Monatspläne mache (siehe Seite 35f.), ist es sinnvoll, mir auch einmal über die übergeordneten Lebensziele Gedanken zu machen, von denen sich alle Teilziele ableiten. Um herauszufinden, welche langfristigen Ziele ich mir stecken und wie ich diese erreichen will, kann ich die bewährte Mindmapping-Methode anwenden, bei der ich assoziativ meinen Gedanken freien Lauf lassen kann, bevor ich zur konkreten Planung übergehe. Dabei ist es egal, ob ich das auf einem Blatt Papier, an einer Pinnwand mit kleinen Zetteln oder digital mit einem entsprechenden Programm mache. Eine Mindmap zu diesem Thema könnte in etwa folgendermaßen aussehen:

Hier stehe ich in 5 Jahren

* - Einrichtung eines Kitastammtisches
  - regelmäßige Teambesprechungen

* - Yoga
  - Kurzurlaub mit Freundinnen

* - Wochenendausflüge
  - regelmäßig gemeinsames Abendessen

enge und intensive Zusammenarbeit mit KollegInnen

mehr Zeit für mich

mehr Zeit für meine Familie

Hier stehe ich in 5 Jahren

* - Anschaffung von Info-material und Hilfsmittel
  - Fortbildung

mehr gesellschaftliche Anerkennung meiner pädagogischen Arbeit

modernes und effektives Kitamanagement

* - durch mehr Transparenz
  - durch mehr Öffentlichkeitsarbeit

intensive und moderne pädagogische Arbeit und Konzepte

intensive Vernetzung mit Träger, Kooperations-partner etc.

* - Fortbildungsseminare
  - Besuch von pädagogischen Tagungen und Messen

* - regelmäßiger Austausch und Gespräche

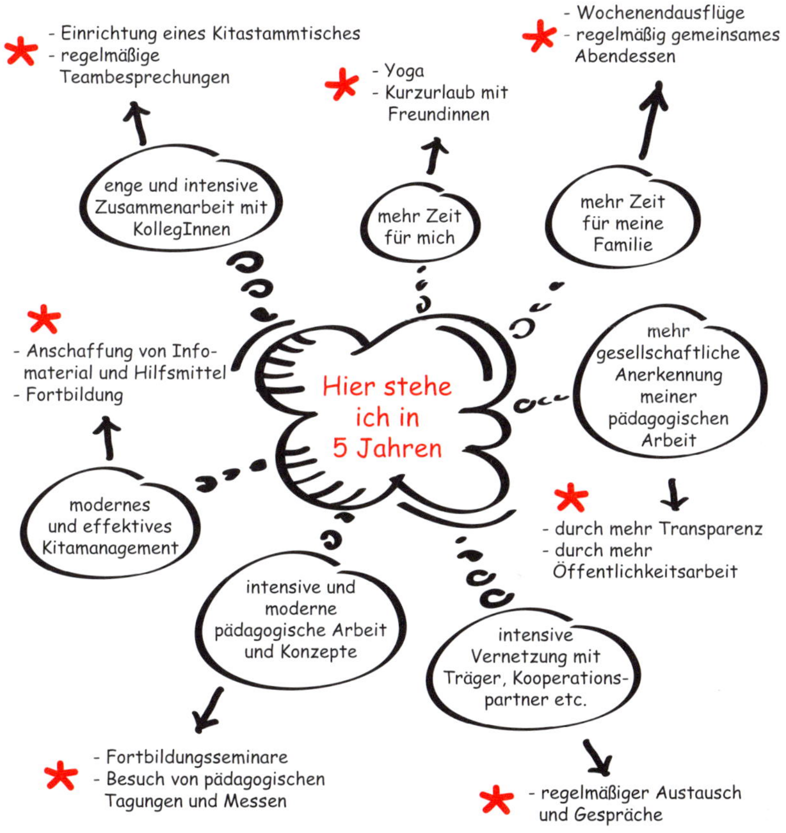

Der Weg zu meinem Ziel!

Nun können Sie darangehen, sich zu überlegen, ob und wie Sie Ihre Ziele realistischerweise erreichen können. Auch hierfür ist es sinnvoll, wenn Sie Ihre Vorstellungen schriftlich festhalten:

- Welches konkrete Ziel haben Sie? (kurze Beschreibung, positiv formulieren)

- Welche Fähigkeiten stehen Ihnen dabei zur Verfügung?

- Wer oder was kann Sie bei der Verfolgung Ihres Ziels unterstützen?

- Welche Schritte sind zur Erreichung des Ziels notwendig?

- Auf wen oder was wirkt sich das Erreichen des Ziels aus?

- Was könnte das Erreichen des Ziels behindern?

- Womit können Sie beginnen, Ihr Ziel anzugehen?

Sind Sie sich der wichtigsten beruflichen und privaten Langfristziele und der Möglichkeiten zu ihrer Umsetzung bewusst, so können Sie folgende Tipps zu ihrer Erreichung anwenden:

So erreiche ich meine langfristigen Ziele

- Ich stecke mir realistische Ziele, die ich auch erreichen kann.

- Ich formuliere auch meine langfristigen Ziele ganz konkret und klar; vage Vorstellungen bringen mich nicht weiter.

- Meine einmal gesteckten Ziele plane ich genau und verfolge sie konsequent.

- Ich überlege mir langfristige Strategien und bin mir auch der daraus erwachsenden Aufgaben bewusst.

- Meine langfristigen Ziele halte ich auch schriftlich fest. Denn dann muss ich diese klar formulieren, und sie werden dadurch viel konkreter.

- Ich setze mir auch hier Fristen für die Umsetzung bzw. Erreichung der Ziele.

- In gewissen Abständen kontrolliere ich, ob ich noch „im Plan" bin und was ich bis dahin schon erreicht habe.

- Wenn ich eine wichtige Etappe auf dem Weg zu meinen langfristigen Zielen erreicht habe, darf das auch schon mal gefeiert werden!

Fremd- oder selbstbestimmt?

Sie sollten sich grundsätzlich darüber im Klaren sein, ob es sich bei den von Ihnen anvisierten langfristigen Lebenszielen tatsächlich um Ihre eigenen Ziele handelt, oder ob Sie diese von anderen übernommen haben. Das ist wichtig, weil Ihnen bei einem Ziel, das eigentlich gar nicht Ihr eigenes ist, die Motivation zur Umzusetzung fehlt – und die ist absolut notwendig, um Ihre Vorstellungen auch tatsächlich zu verwirklichen.

So kenne ich das aus dem Kita-Alltag:

Klara, die Tochter von Susanne R., der Leiterin des Kindergartens, hat morgen eine Matheklausur, vor der sie große Angst hat. Susanne R. hat ihr versprochen, am Abend vorher nur für sie da zu sein und mit ihr nochmal alles durchzugehen. Nun steht aber am nächsten Tag ein wichtiges Gespräch mit dem Träger an und die Planung des Eltern-abends in der nächsten Woche steckt auch noch in den Kinderschu-hen ... Das alles geht Susanne R. durch den Kopf, als sie um sieben Uhr abends immer noch in ihrem Büro sitzt und versucht, einer verzweifel-ten Mutter, deren Kind Probleme hat, sich in die Gruppe zu integrie-ren, zuzuhören und sie gut zu beraten. Und dabei hatte sie doch ihrer Tochter versprochen ...

Auch mit der bekannten Redewendung „Arbeit ist das halbe Leben" ist nichts anderes gemeint, als dass man dafür sorgen sollte, für sein eigenes Leben die richtige Balance zu finden. Und auch, wenn der modernere Begriff „Work-Life-Balance" nicht nur ausdrückt, dass ein ausgeglichenes Verhältnis zwischen Arbeit und Privatleben vorhan-den sein muss, um ein gutes Leben führen zu können, sondern auch beinhaltet, dass die Qualität der Arbeit und die Lebensumstände all-gemein wichtig sind, steht doch die Vereinbarkeit von Beruf und Fa-milie bei ihm ebenfalls im Vordergrund. Allerdings: Der Weg, um das richtige Verhältnis zwischen beruflichen und privaten Interessen zu finden, und um diese Ausgewogenheit herstellen zu können, kann individuell ganz unterschiedlich sein.

Leben und Arbeiten – ist das bei mir in der richtigen Balance?

Stellen Sie sich zunächst folgende Fragen und beantworten Sie diese wieder schriftlich:

- Was erscheint Ihnen wichtiger, Ihre Arbeit oder Ihr Privatleben?

- Leben Sie, um zu arbeiten, oder arbeiten Sie, um zu leben?

- Haben Sie ein schlechtes Gefühl, wenn Sie nicht arbeiten?

- Wie bewerten Sie Ihre Arbeitssituation allgemein?

- Haben der Termindruck und die Arbeitsüberlastung Auswirkungen auf Ihr Privatleben?

- Oder umgekehrt: Haben Sie private Sorgen, die Sie daran hindern, Ihre Arbeit gut zu erledigen?

Manchmal ist Weniger einfach mehr

Wenn Sie merken, dass ein Missverhältnis zwischen Ihrer Arbeitssituation und Ihrem Privatleben besteht bzw. dass Sie beide Bereiche nicht in Einklang bringen können, ist es gut, sich Folgendes grundsätzlich klar zu machen: Wird es wirklich von Ihnen erwartet, dass Sie alle Aufgaben absolut perfekt und möglichst auch noch bis ins letzte Detail selbst erledigen und dabei vergessen, auf sich selbst, auf Ihre eigenen Bedürfnisse und auch auf die Bedürfnisse Ihrer Familie, aber auch Ihrer KollegInnen oder MitarbeiterInnen zu achten?

Oft hilft es da schon, wenn Sie einfach mal einen Schritt zurückzutreten und eine anstehende Aufgabe aus einem gewissen Abstand betrachten, wenn Sie beobachten, wie die KollegInnen bzw. MitarbeiterInnen die gleiche Aufgabe anpacken, wenn Sie sich darüber im Klaren werden, wie viel Zeit Sie dafür investieren und mit welchem Ergebnis Sie sich zufriedengeben.

Dieses Prinzip kann natürlich nicht auf alle Aufgaben angewendet werden – eine Statistik zu führen, verlangt z. B. absolute Genauigkeit –, aber Sie werden merken, dass Weniger in der Tat oft mehr ist.

Leben und Arbeiten in Einklang bringen

- Überall da, wo es möglich ist, passe ich meinen Arbeitsrhythmus meinem biologischen Rhythmus, meiner inneren Uhr, an und berücksichtige dabei den natürlichen Wechsel von Leistungsfähigkeit und Regeneration (siehe Seite 67f.).

- Aufgaben, die ein hohes Maß an Konzentration erfordern, lege ich in Zeiten, in denen ich besonders leistungsfähig bin, und Routinearbeiten in Zeiten, in denen meine Leistungskurve nach unten geht.

- Ich lege während der Arbeitszeit rechtzeitig kurze Pausen ein.

- Ich versuche, jeden Tag etwas zu unternehmen, das ich gerne mache und das mir persönlich Freude bereitet.

- Ich lasse so gut wie keinen Grund gelten, mich von meinem Ausgleich zur Arbeit abzuhalten: eine Stunde mit den eigenen Kindern spielen, eine Runde laufen, eine halbe Stunde Musik hören, zusammen mit der Familie kochen, eine halbe Stunde mit dem Hund rausgehen etc.

- Ich nehme mir regelmäßig und ganz bewusst Zeit für mich selbst, am besten jede Woche an einem bestimmten Tag und zu einer bestimmten Uhrzeit.

- Ich treibe Sport, achte auf gesunde Ernährung und genügend Schlaf und bewege mich generell viel an der frischen Luft.

Zeit zum Regenerieren ist keine Zeitverschwendung!

Kleine Regenerationspausen sind keine Zeitverschwendung und wirken oft Wunder! Einen kleinen Moment innehalten im regen Getriebe, die Fenster öffnen, frische Luft hereinlassen und tief durchatmen, eine Tasse Kaffee oder Tee trinken – und zwar nicht nur so „nebenbei" im Gehen, sondern in der Kaffeeküche der Kita, vielleicht bei einem Schwätzchen mit einer Kollegin –, und schon kann man sich wieder besser konzentrieren, ist „wacher" und auch aufmerksamer. Und mit der neu gewonnenen Energie bringt man sich wieder in Balance und kann gestärkt weitermachen.

Mein persönlicher Bio-Rhythmus

Ich versuche, meine Tätigkeiten und Arbeiten – soweit mir dies möglich ist – meiner eigenen inneren Uhr, dem sog. Bio-Rhythmus, anzupassen. Forschungen zufolge ist der physische, intellektuelle und emotionale Zustand des Menschen einem bestimmten täglichen Rhythmus unterworfen, der bei uns allen ähnlich, aber nicht völlig identisch ist. Diesen Rhythmus kann ich in einem sog. Bio-Rhythmogramm grafisch darstellen. Und obwohl jeder Mensch individuell verschieden ist, gibt es allgemeine, bei allen gleiche Phasen der Leistungsfähigkeit:

- Am Vormittag sind wir am leistungsfähigsten.

- Nach dem Mittagessen setzt meist das Nachmittagstief ein.

- Am Nachmittag erreichen wir nochmal ein Leistungsplus.

- Zum Abend hin nimmt die Leistungskurve stetig ab.

Um meinen persönlichen Bio-Rhythmus und meine persönliche Leistungskurve zeichnen zu können, beobachte ich mich mehrere Tage hintereinander und bestimmen dann in ein Koordinatensystem ein, wie ich
mich zu unterschiedlichen Tageszeiten gefühlt habe:

Meine biologische Uhr

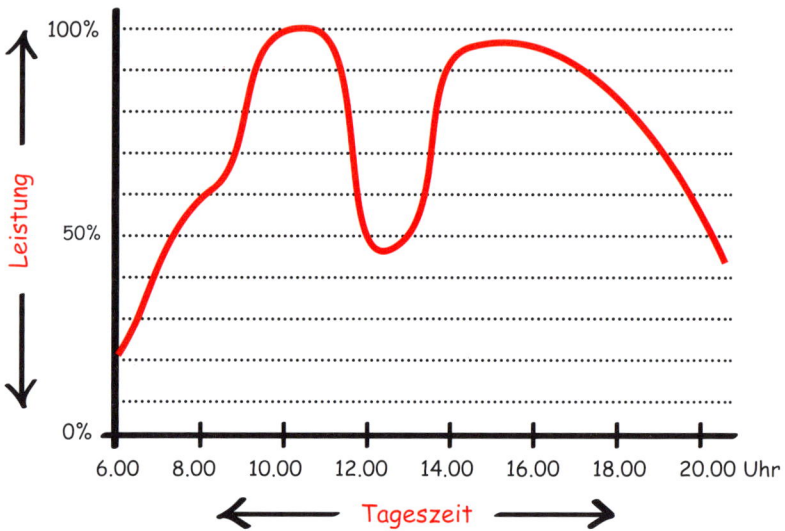

Zum Download: Meine biologische Uhr

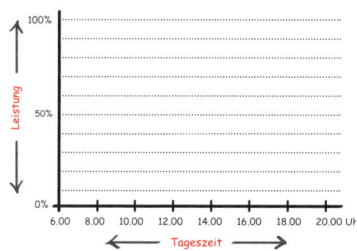

Und zum Schluss noch ein weiterer Praxistipp:

So gelingt ein guter Start in den Tag:

- Ich überlege mir bereits am Abend zuvor, welche Aufgaben am folgenden Tag auf mich warten, und welche Dinge zu erledigen sind.

- Ich sorge dafür, dass ich ausreichend Schlaf bekomme.

- Ich stehe etwas früher auf, um in aller Ruhe das Frühstück mit meiner Familie einnehmen zu können und mich ohne Hetze auf den Weg zur Arbeit machen zu können.

Auf einen Blick: Schritt für Schritt zu einem erfolgreichen Zeitmanagement

Und hier im Überblick, noch einmal die wichtigsten Strategien und Praxistipps, wie Sie Ihr Zeitmanagement verbessern und verfeinern können:

1 Unterbrechungen unterbinden und Störungen vermeiden

- Führen Sie, auch für Telefonate, bestimmte feste Sprechzeiten im Tagesablauf ein.
- Ziehen Sie sich jeden Tag zu einer bestimmten Uhrzeit für wichtige Aufgaben in Ihr Büro zurück und sorgen Sie dafür, dass Sie dann auch nicht gestört werden.
- Versuchen Sie bei unvermeidlichen Störungen, diese so kurz wie möglich zu halten, und kehren Sie danach sofort zur zuvor begonnen Aufgabe zurück.

2 Nichts auf die lange Bank schieben

- Nehmen Sie sich vor, Ihre Aufgabenstellungen positiv zu formulieren.
- Teilen Sie die Aufgaben bei größeren Projekten in kleinere Einheiten auf und machen Sie einen Schritt nach dem anderen.
- Setzen Sie sich eine bestimmte Frist, in der Sie die Aufgabe erledigt haben wollen.

Prioritäten setzen   **3**

- Teilen Sie sich Ihre Aufgaben entsprechend der Dringlichkeit und Wichtigkeit in unterschiedliche Kategorien (A, B, C, D) ein.
- Legen Sie für Ihre Aufgaben regelmäßig Tages-, Wochen- und Monatspläne an.
- Planen Sie für die Umsetzung genügend zeitlichen Puffer ein.

Gut geplant, ist halb gewonnen   **4**

- Verschaffen Sie sich einen Überblick über Ihre tägliche Zeiteinteilung, indem Sie drei Tage hintereinander ein Tagesprotokoll führen.
- Vergessen Sie bei Ihrer Tages-, Wochen- und Monatsplanung nicht, auch Ihre privaten Termine zu berücksichtigen.
- Denken Sie auch bei Ihrer Tages-, Wochen- und Monatsplanung daran, immer ein wenig Puffer für Unvorhergesehenes einzubauen.

Aufgaben und Verantwortung delegieren   **5**

- Entscheiden Sie bei jeder anstehenden Aufgabe neu, ob Sie diese wirklich selbst erledigen müssen oder nicht doch delegieren können.
- Delegieren Sie Aufgaben so oft wie möglich, weil es neben dem positiven Effekt der Entlastung für Sie selbst auch Ihre KollegInnen bzw. MitarbeiterInnen motiviert, Verantwortung zu übernehmen.
- Delegieren Sie möglichst unterschiedliche Aufgaben und schulen Sie dadurch Ihre MitarbeiterInnen in möglichst vielen Bereichen.

Stress vermeiden   **6**

- Planen Sie frühzeitig und bauen Sie zeitliche Puffer ein.
- Machen Sie regelmäßig Pausen, gewöhnen Sie sich einen festen Arbeitsrhythmus an und wechseln Sie zwischen anspruchsvollen und leichten Tätigkeiten ab.
- Versuchen Sie, Ihren Arbeitsrhythmus Ihrem persönlichen Bio-Rhythmus anzupassen und berücksichtigen Sie dabei auch den natürlichen Wechsel von Leistungsfähigkeit und Regeneration.
- Treiben Sie regelmäßig Sport, achten Sie auf gesunde Ernährung und suchen Sie sich einen Ausgleich durch Lesen, Musikhören etc.

7 Ordnung schaffen und den Überblick behalten

- Tragen Sie sich alle Ihre beruflichen und privaten Termine in einen einzigen Terminkalender ein und verhindern Sie damit von vornherein „Terminkollisionen".
- Legen Sie sich ein differenziertes Ordnungssystem für Papier und Digitales zu – und lassen Sie Unwichtiges sofort im realen und im virtuellen Papierkorb verschwinden.
- Halten Sie grundsätzlich alle Termine, Entscheidungen, Pläne usw. schriftlich fest.

8 Klartext reden und auch mal Nein sagen

- Legen Sie sich bei anstehenden Telefonaten und Face-to-Face-Gesprächen zuvor die dafür evtl. notwendigen Unterlagen zurecht und skizzieren Sie vorab kurz, welche Punkte Sie ansprechen wollen.
- Konzentrieren Sie sich während eines Gesprächs auf das Wesentliche und schweifen Sie nicht ab.
- Stecken Sie sich für Teambesprechungen klare Ziele und erstellen Sie dafür eine schriftliche, klar formulierte Tagesordnung und einen verbindlichen Zeitrahmen.
- Bitten Sie auch die anderen TeilnehmerInnen an der Teambesprechung, sich schon im Vorfeld Gedanken zu einzelnen Punkten zu machen.
- Reagieren Sie bei der Bitte von KollegInnen oder MitabeiterInnen um Unterstützung nicht vorschnell mit einem „Ja", wenn Sie eigentlich keine Zeit dafür haben.

9 Klare langfristige Zielsetzung

- Werden Sie sich darüber im Klaren, welches Ihre langfristigen Lebensziele sind und ob es auch wirklich Ihre eigenen Ziele sind und halten Sie diese auch schriftlich fest.
- Planen Sie Ihre einmal gesteckten langfristigen Ziele genau und verfolgen Sie diese dann auch konsequent.
- Stellen Sie sich auch für die Umsetzung Ihrer langfristigen Ziele verbindliche Fristen.
- Kontrollieren Sie in gewissen Abständen, ob Sie noch „im Plan" sind und was Sie bis dahin schon erreicht haben.

- Versuchen Sie, sich darüber klar zu werden, wie es bei Ihnen persönlich um das Verhältnis zwischen Ihrer Arbeit und anderen Lebensbereichen bestellt ist.

- Versuchen Sie, den Stellenwert von Arbeit, Leistung und anderen Bereichen in Ihrem Leben aus einer umfassenderen Perspektive zu betrachten.

- Nobody is perfect – Versuchen Sie, realistisch einzuschätzen, welches Ergebnis erreichbar ist, und geben Sie sich auch mal mit einem weniger perfekten Ablauf bzw. Ergebnis zufrieden.

- Versuchen Sie, zwischendurch rechtzeitig immer wieder mal eine kurze Pause einzulegen und Auszeiten möglichst fest einzuplanen.

Literatur- und Medienempfehlungen

Literatur

Blanchard, Kenneth; Oncken, William Jr.; Burrows, Hal: Der Minuten Manager und der Klammer-Affe: Wie man lernt, sich nicht zu viel aufzuhalsen, 13. Aufl., Rowohlt, Reinbek 2002.

Haller, Reinhold: Delegieren, Haufe, Freiburg 2012.

Nussbaum, Cordula: Organisieren Sie noch oder leben Sie schon? Zeitmanagement für kreative Chaoten, Campus, Frankfurt 2012.

Radecki, Monika: Nein sagen. Die besten Strategien, 2. Aufl., Haufe, Freiburg 2010.

Seiwert, Lothar: Simplify Your Time. Einfach Zeit haben, Campus, Frankfurt a. M. 2010.

Seiwert, Lothar: Wenn Du es eilig hast, gehe langsam. Mehr Zeit in einer beschleunigten Welt (Sonderausgabe), Frankfurt a. M. 2012.

Väth, Marcus: Feierabend hab ich, wenn ich tot bin. Warum wir im Burnout versinken, 4. Aufl., GABAL, Offenbach 2011.

Links

www.zeitzuleben.de (letzter Zugriff am 28.7.2014)

Weitere Titel der Reihe

Kontakte zu Sponsoren und Presse knüpfen, Eltern mit wirkungsvollen Newslettern, Elternbriefen oder Flyern informieren oder auf der eigenen Homepage Informationen zur Aufnahme neuer Kinder bereitstellen – dieser Ratgeber zeigt Ihnen, wie Öffentlichkeitsarbeit in der Kita Spaß macht und gelingt.

80 Seiten, DIN A5, kartoniert, farbige Illustrationen, inkl. Downloadcode für Zusatzmaterial
ISBN 978-3-7698-2102-4

Wichtige Informationen dem Kita-Team vermitteln, ein komplexes Thema beim Elternabend erörtern oder Ihre Sichtweise überzeugend vertreten – dieser Ratgeber zeigt, wie Sie sich gut auf eine Präsentation vorbereiten und mit welchen Mitteln Sie eine höhere Aufmerksamkeit erzielen können.

80 Seiten, DIN A5, kartoniert, farbige Illustrationen, inkl. Downloadcode für Zusatzmaterial
ISBN 978-3-7698-2101-7

www.donbosco-medien.de

LEBENDIG. KREATIV. PRAXISNAH.

Mehr Kraft und Zufriedenheit im Kita-Alltag

Der Erwartungsdruck bei Kindern, Eltern und Trägern sowie die Fülle an Aufgaben und Terminen, aber auch Hektik und Lautstärke führen bei den ErzieherInnen oft zu Überforderung bis hin zur Erschöpfung. Wie Sie Ihre persönlichen Ressourcen stärken und dem Stress begegnen können, zeigt Gabriele Kubitschek mit vielen praktischen Tipps, Entspannungsübungen und Gute-Laune-Rezepten.

112 Seiten, kartoniert, S/W-Illustrationen
ISBN 978-3-7698-1916-8

Kleine Schätze für ErzieherInnen, die dazu ermutigen, mehr Gelassenheit und Selbstvertrauen zu entwickeln, zur Arbeit mit Herz und Hand inspirieren und die Sie ermuntern werden, Nachsicht mit sich selbst zu üben. Die ansprechend gestalteten Schatzkarten dienen Ihnen als persönliche Kraftquelle, als Impulse fürs Team oder als Geschenk für liebe KollegInnen.

34 Karten, farbige Illustrationen, in Pappbox
EAN 426017951 080 9

Raum für Ihre Notizen:

Raum für Ihre Notizen:

Raum für Ihre Notizen: